Commandant Paul CASSOU

Le Procès du Général Fournier

Gouverneur de Maubeuge

Au Général FOURNIER.

La justice et la vérité sont deux pointes si subtiles, que nos instruments sont trop émoussés pour y toucher exactement. S'ils y arrivent, ils en écachent la pointe et appuient tout autour, plus sur le faux que sur le vrai.

PASCAL (*Pensées*)

PARIS
IMPRIMERIE-LIBRAIRIE MILITAIRE UNIVERSELLE
L. FOURNIER
264, Boulevard Saint-Germain, 264
—
1921

À mon ami L. Chebaux souvenir cordial Cassou

Commandant Paul CASSOU

Le Procès du Général Fournier

Gouverneur de Maubeuge

Au Général FOURNIER.

La justice et la vérité sont deux pointes si subtiles, que nos instruments sont trop émoussés pour y toucher exactement. S'ils y arrivent, ils en écachent la pointe et appuient tout autour, plus sur le faux que sur le vrai.

PASCAL (*Pensées*)

PARIS
IMPRIMERIE - LIBRAIRIE MILITAIRE UNIVERSELLE
L. FOURNIER
264, Boulevard Saint-Germain, 264

1921

Le Procès du Général Fournier

Gouverneur de Maubeuge

AU GÉNÉRAL FOURNIER

La justice et la vérité sont deux pointes si subtiles, que nos instruments sont trop émoussés pour y toucher exactement. S'ils y arrivent, ils en écachent la pointe et appuient tout autour, plus sur le faux que sur le vrai.

PASCAL (*Pensées*)

Le procès du général Fournier, gouverneur de Maubeuge, qui avait rendu cette Place aux Allemands, le 8 septembre 1914, après quinze jours d'investissement et de siège, a mis en lumière le rôle glorieux rempli, au début de la guerre, par ce camp retranché dont la longue résistance a contribué à la victoire de la Marne.

Les débats au grand jour ont eu aussi pour résultat de réduire à néant les légendes malveillantes qui avaient couru sur le gouverneur et sur les malheureux défenseurs de cette forteresse, dépourvue, comme on le sait, de tout moyen de défense.

L'opinion publique, trompée, pendant toute la durée des hostilités, sur les opérations du siège de Maubeuge, insuffisamment renseignée par les comptes rendus des journaux pendant les audiences du conseil de guerre, a besoin d'être complètement éclairée sur ce procès que le bâtonnier Me Henri-Robert, défenseur du général Fournier, qualifiait en pleine séance *d'incohérent.*

En effet, la politique, les vilains intérêts personnels, le manque de franchise et de courage civique ont failli étouffer la voix de la vérité sur cet événement de guerre où tant de responsabilités se trouvaient engagées et compromises et qui fut, grâce aux qualités militaires d'un grand chef et à l'héroïsme des soldats, tout à l'honneur de la France.

⁂

Au mois de septembre 1914, le public était mis au courant de ce qui se passait à Maubeuge, d'où partaient chaque jour des dépêches renseignant l'Etat-Major général et le ministère, par les communiqués officiels suivants :

4 septembre. — Maubeuge violemment bombardée résiste avec vigueur.

5 septembre. — A Maubeuge, le bombardement continue avec une extrême violence. La Place résiste, malgré la destruction de trois forts.

6 septembre. (10 heures du soir). — Maubeuge continue à résister héroïquement.

Le 7 septembre, avant la reddition, le général Joffre, généralissime des armées françaises, citait le général Fournier à l'ordre de l'Armée pour sa belle défense.

Quelques heures après, M. Millerand, ministre de la Guerre, adressait au général Fournier le télégramme suivant :

Au nom du gouvernement de la République et du pays tout entier, j'envoie aux héroïques défenseurs de Maubeuge et à sa vaillante population l'expression de ma profonde admiration. Je sais que vous ne reculerez devant rien pour prolonger la résistance jusqu'à l'heure de votre délivrance qui est toute proche, comme je le souhaite.

Signé : MILLERAND.

L'Etat-Major général aurait dû s'en tenir là et attendre la fin des hostilités pour reparler des opérations du siège de Maubeuge, puisque, conformément au règlement, un gouverneur de Place forte qui rend sa Place est tenu de justifier sa conduite, tout comme un officier de marine qui perd son bateau.

C'eût été logique, prudent, équitable.

Il n'en fut pas ainsi.

Une campagne de dénigrement ne tardait pas à s'esquisser. Elle arrivait, pour ainsi dire, à point. La bataille de la Marne était gagnée, mais les Allemands étaient accrochés à notre sol jusqu'à Noyon où ils devaient rester plus de quatre ans, malgré l'héroïsme, le courage de nos soldats, les premiers du monde, malgré ce cadre d'officiers incomparable (active et réserve).

Mais quels étaient alors les responsables des lourdes fautes du début de la guerre, de l'invasion de notre patrie ?

Ce n'était pas le moment d'incriminer le ministre de la guerre de cette époque et pas davantage l'Etat-Major général qui, n'ayant pas prévu l'attaque allemande par le Nord, tenait néanmoins dans ses mains les destinées de notre pays.

Et alors chacun voulant dégager sa responsabilité, on chercha un général malheureux, le général Fournier, gouverneur de Maubeuge.

*
* *

Que disait l'Etat-Major général ?

1° Le général Fournier n'a rien fait pour retarder et entraver, par une défense extérieure active, au seuil de la patrie, la marche des hordes germaniques dévalant sur Paris.

Comment l'aurait-il pu ? Il est reconnu aujourd'hui que la Place forte ne valait rien. Et les débats nous ont aussi révélé que le général Fournier n'avait à sa disposition, pour opérer des sorties, que 4 batteries de 75, sans train de combat, soit 16 canons — vous entendez bien : 16 canons ! — et une réserve générale de 10.000 hommes. Pouvait-il arrêter, en rase campagne, avec d'aussi faibles moyens, les 500.000 Allemands qui, sous la conduite de von Kluck et de von Bülow, entraient en France aux chants de la victoire de Charleroi ?

2° Le général Fournier n'a pas défendu sa Place. Il l'a rendue trop tôt, ce qui a empêché l'armée française, après la bataille de la Marne, de poursuivre les Allemands et de les rejeter peut-être hors de France. Les généraux qui, dans la poursuite des Allemands vaincus, n'obtenaient pas les succès qu'ils escomptaient, ajoutaient : « *Nous avons trouvé devant nous les canons pris à Maubeuge, crachant la mitraille sur nos soldats.* »

Allons donc ! L'armée française, après le sublime effort de la victoire de la Marne, était-elle en état de poursuivre ses succès ? Nous savons aujourd'hui que nos coffres à munitions étaient vides et que nos artilleurs tiraient à blanc pour maintenir le moral de l'infanterie. Car, ne l'oublions pas, nous sommes partis en guerre avec seulement 1.300 coups par pièce de 75. Et nous n'avions pas d'artillerie lourde de campagne.

Quant aux canons pris à Maubeuge et qu'on a signalés partout sur le front, à la Marne, sur l'Aisne, sur la Somme, à Verdun, on sait maintenant d'où ils venaient. L'Etat-Major général oubliait volontiers le communiqué officiel allemand du 3 septembre 1914 ainsi conçu : « *Seule l'armée de Bülow, jusqu'au 31 août, a pris 232 pièces d'artillerie, 166 pièces de campagne, 79 mitrailleuses, 166 fourgons...* » etc., etc. Et Maubeuge n'était pas encore tombée.

Les canons de Maubeuge ont été détruits en grande partie par le feu de l'artillerie ennemie.

Le général Fournier a donné l'ordre de détruire ceux qui restaient, avant la reddition. Dix canons seulement, sur les quatre cent cinquante qui existaient à Maubeuge, seraient tombés intacts aux mains des Allemands.

*
* *

Dès le mois de septembre 1914, l'Etat-Major de l'armée se mit à recueillir pieusement les racontars stupides, les mensonges éhontés émanant de civils et de militaires de la garnison de Maubeuge, qui avaient abandonné la Place avant la reddition, et qui se résumaient ainsi : « *Maubeuge n'avait pas été investie, la garnison ne s'était pas battue, aucun fort n'avait été détruit, le général Fournier était un timoré, un incapable, un défaitiste, qui avait trahi...* » etc., etc.

Mais où étaient donc ces calomniateurs au moment du procès ? Aucun ne s'est présenté.

Ce n'est pas sans stupéfaction que l'on trouve, par exemple, dans le volumineux dossier, une pièce portant le timbre des archives historiques du ministère de la Guerre, où une tenancière d'un débit de tabac de Maubeuge déclare qu'elle sait de source certaine que la femme du général Fournier est une Allemande, puis, entrant dans le domaine tactique, expose gravement qu'un secteur attaqué n'était pas secouru par le voisin.

Ce sont ces histoires, colportées par le personnel de l'Etat-Major, qui ont fait la légende de Maubeuge et trompé, en raison de leur origine, tant de personnes de bon sens.

Mais ce qu'il y a d'incompréhensible, c'est que le Grand Quartier Général fit paraître, à la date du 10 septembre 1914 (10 heures du soir), le communiqué officiel suivant :

« *Aucune confirmation n'est parvenue jusqu'à présent de la nouvelle donnée par la presse allemande de la chute de Maubeuge.* »

Or, l'Etat-Major général était depuis le 8 septembre en possession du message suivant envoyé par le gouverneur de Maubeuge, le 7 septembre, par pigeon voyageur, sous les numéros 276 et 285 :

Maubeuge rendue 18 heures. Garnison prisonnière de guerre.

Et ce n'est pas tout. Le Grand Quartier Général fit encore paraître le 20 septembre (3 heures), sur Maubeuge, le dernier communiqué officiel non seulement tendancieux, mais faux, qui différait des premiers. Le voici :

« *Nous ne possédons encore aucune information certaine sur la reddition des forts non détruits de Maubeuge, mais la presse allemande affirme la prise de cette ville et indique même que son gouverneur serait interné à Torgau.* »

Ainsi, officiellement, les forts de Maubeuge auraient été intacts quand la Place s'est rendue !

Mensonge.

Le discrédit était ainsi jeté sur la malheureuse garnison de la vieille Place démodée de Maubeuge, qui, prisonnière de guerre, avait fait son devoir.

Au lieu de chercher à faire peser sur des innocents la responsabilité de la faute des autres, d'égarer l'opinion par des procédés abominables, l'Etat-Major aurait mieux fait d'avouer qu'il s'était trompé. La vérité, c'est que nous n'étions pas prêts à faire la guerre en 1914.

« *Les vrais coupables de la capitulation,* s'écriait Me Henri-Robert, *ce ne sont pas ces hommes, ces soldats qui ont défendu Maubeuge dans les conditions que vous savez, ce sont tous ceux, politiciens, ministres de la Guerre, chefs d'état-major, qui n'ont rien fait pour mettre Maubeuge en état de défense. Maubeuge ? Personne n'y songeait, c'était la parente pauvre, elle n'existait pas, c'était l'éternelle sacrifiée.* »

Le général Fournier n'était pas en odeur de sainteté au ministère de la Guerre et à l'Etat-Major général. Pourquoi ? C'est que le gouverneur de Maubeuge possédait des armes terribles contre l'impéritie, l'imprévoyance de ceux qui présidèrent à la préparation et aux opérations du début de la guerre, contre le ministre de la Guerre de cette époque, M. Messimy, qui ne sut pas garder, en face des événements, le sang-froid qui convenait à une heure pareille.

Que nous a fait connaître le procès ?

*
**

Le général Fournier avait été nommé gouverneur de Maubeuge, au mois de février 1914, quelques mois avant la guerre. Officier d'une grande valeur et de haute intelligence, appartenant à l'arme du génie, sortant de l'Ecole Polytechnique et de l'Ecole de Guerre, longtemps chef du 1er bureau à l'état-major de l'Armée, et à qui nous devons la préparation de notre mobilisation, spécialiste en fortification, il n'avait pas tardé à se rendre compte de l'état lamentable de la Place. Il jeta, comme ses prédécesseurs, des cris d'alarme.

C'était aussi un des officiers généraux de notre armée qui croyaient à la guerre prochaine et à l'offensive allemande par la Belgique. Il ne cessa d'importuner l'autorité supérieure, en clamant la vérité sur tous les tons. « *La Place de Maubeuge ne vaut rien*, écrivait-il en substance, *les forts démodés sont incapables de résister à un bombardement. Les Allemands passeront par la Belgique. Rien ne les arrêtera ; ils emporteront la Place sans coup férir. Fortifiez Maubeuge.* »

Sa voix ne fut pas entendue, pas plus d'ailleurs qu'une autre, la plus autorisée de France peut-être, celle du général Gallieni qui, d'après ses propres déclarations, ne put convaincre, quelques mois avant la guerre, l'Etat-Major général de l'importance qu'il y avait de fortifier sérieusement Maubeuge, les Allemands devant attaquer par la Belgique.

C'est que, dans notre armée, s'agitait, depuis quelques années, un essaim turbulent de jeunes officiers brevetés, arrivistes, aussi présomptueux que les officiers de la reine Louise de Prusse en 1806, bourrés de maximes de guerre soi-disant infaillibles, ayant la prétention de rénover l'art militaire, se moquant des généraux anciens qu'ils appelaient *vieilles barbes*, voulant combattre et gagner des batailles en pantalon rouge, sans artillerie lourde, sans mitrailleuses, rien qu'avec les baïonnettes, dédaignant les tranchées, les réseaux de fils de fer, les fortifications. Et cela nous valut Charleroi, Virton, Rossignol, quatre années d'occupation de notre territoire et 1.500.000 morts.

Aussi y eut-il un moment de surprise et de gêne, quand devant le Conseil de Guerre, le Président, le général Maistre, crut pouvoir déclarer que l'Ecole de Guerre elle seule avait gagné la guerre. Eh bien, et les autres officiers qui ne sortaient pas de l'Ecole de Guerre ? Ceux des tranchées, des grandes batailles, des grandes fatigues, des grandes douleurs, les officiers de troupe, de complément, cette jeunesse des écoles, intelligente, pleine d'ardeur, fauchée, décimée, ces braves paysans de la terre de France morts au champ d'honneur en si grand nombre que nos villages sont déserts, comptent-ils si peu dans la victoire qu'on n'en parle plus ? Il aurait mieux valu que le général Maistre ne soulevât pas cette question si débattue, il ne se serait pas attiré la cinglante réplique de Mº Henri-Robert :

« *Vous êtes de grands chefs, mais n'oubliez pas que vous avez commandé les plus beaux soldats du monde ; votre gloire est faite de leurs souffrances.* »

Le général Fournier ne se contenta pas d'envoyer rapport sur rapport sur l'état lamentable du camp retranché et sur l'invasion certaine des Allemands par la Belgique. Il se rendit à Paris, au mois de juin 1914, demanda et obtint une audience du chef d'Etat-Major général de l'Armée, auquel il exprima ses inquiétudes et ses craintes sur le sort de Maubeuge.

« *Soyez optimiste*, lui répondit le général Joffre, *je me charge de Maubeuge. D'ailleurs je vous enverrai faire le siège de Metz avec vos 30.000 hommes.* »

Le 23 juin de la même année, le général Fournier exprima les mêmes inquiétudes et les mêmes craintes au général Lanrezac, membre du Conseil supérieur de la Guerre, venu à Maubeuge pour inspecter la Place.

« *Votre Place ne vaut rien*, lui répondit le général Lanrezac, *vos forts ne tiennent pas debout, mais selon toute vraisemblance, les Allemands ne dépasseront pas la Meuse. Si vous êtes attaqué, je viendrai à votre secours.* »

Mais nous devons rendre justice à ce remarquable chef de la Ve armée. Il ne tarda pas de s'apercevoir un des premiers du mouvement des Allemands par la Belgique. Il sut le dire, sa voix ne fut pas écoutée, bien plus, il fut sacrifié.

D'ailleurs, les réponses de ces grands chefs justifiaient le rôle que le haut commandement assignait à Maubeuge et qui est défini dans la dépêche ministérielle de 1910.

Le rôle de Maubeuge est simplement de résister les quelques jours nécessaires à l'arrivée des troupes françaises dans la région en cas de violation de la Belgique, puisque notre plan de concentration massait nos armées face à l'Est et laissait dégarnie notre frontière du Nord. Explicitement, le ministre déclarait *qu'il fallait exclure l'hypothèse d'une défense isolée, d'un siège régulier et proclamait l'inutilité de faire de Maubeuge une véritable place forte.*

On comprend alors de quelle façon devaient être accueillis, en haut lieu, les avertissements du général Fournier. Il devenait un *gêneur*. Ce n'était qu'un *sapeur*.

Il faut avoir appartenu à l'armée pour juger de l'importance de ce mot *sapeur* dans la bouche d'un officier breveté sortant de l'infanterie. Le mot *sapeur* est presque un terme de mépris qui indique un savant officier du génie, bureaucrate, tatillon, craintif, toujours dans les fortifications, qui ne sait pas commander à des soldats, qui ne comprend rien à la guerre de mouvement, à la tactique de l'infanterie.

Et il est profondément regrettable que cette appréciation sur l'officier du génie, qui sort généralement de la première école de France, c'est-à-dire de l'Ecole

Polytechnique, notre orgueil et notre gloire, se soit manifestée un peu trop dans les audiences du Conseil de guerre qui a jugé le général Fournier. Beaucoup d'auditeurs qui se trouvaient dans la salle pour suivre le procès en furent surpris et indignés ; ils avaient l'impression que le Président avait une tendance à faire le procès des armes spéciales et de l'Ecole Polytechnique.

N'a-t-il pas fallu le concours de toutes les énergies, de tous les efforts, de toutes les intelligences pour arracher la victoire à nos ennemis ? Tout le monde y a contribué : l'admirable poilu en tête, les officiers de troupe, les officiers des divers services (états-majors, artillerie, génie, intendance, aviation, etc.), et nos généraux ont donné ce qu'ils ont pu. Mais pourquoi certains chefs cherchent-ils à amoindrir le mérite d'autrui ? Serait-ce pour se grandir eux-mêmes ? La modestie est une vertu. Turenne modeste est aussi grand homme que Turenne victorieux.

En dehors des cinq ou six exceptions immenses qui font l'éclat guerrier de cette époque, l'admiration contemporaine surchauffée n'est guère que myopie. La dorure n'est pas toujours de l'or et les hommes de génie sont rares.

Cependant personne n'oubliera que l'Ecole Polytechnique nous a donné Joffre, le sapeur, et Foch, l'artilleur, les deux sauveurs de la France.

***

Le 5 août 1914, alors que la France frémissante de patriotisme courait tout entière, pleine d'enthousiasme, vers la frontière, le général Fournier, qui avait appris que la cavalerie allemande, précédant la marche de six ou sept corps d'armée ennemis, avait fait son apparition au village de Huy, en Belgique, c'est-à-dire à deux étapes de Maubeuge, prévint le ministre de la Guerre et l'Etat-Major général de l'orage qui s'amassait dans le Nord. Il envoya en même temps le télégramme suivant :

« *Maubeuge pas mobilisée. Travaux de défense à peine commencés. Ai besoin délai minimum de dix jours pour résister un peu.* »

Ces renseignements fidèles, exacts et sincères, provoquèrent un grand émoi et une véritable stupeur. Mais de quoi donc se mêle le gouverneur de Maubeuge ? Veut-il déranger notre plan de concentration ? Les Allemands en Belgique ? Allons donc !

Au ministère de la Guerre, où M. Messimy présidait aux destinées de la France, on jugea sévèrement le général Fournier. Le général Ebener, alors chef d'Etat-Major de l'armée, fut convoqué au cabinet du ministre et on décida de mettre à pied ce malheureux général qui se permettait d'être clairvoyant. Ce fut fait par la voie du *Journal Officiel* et le général Fournier fut remplacé par le général Desaleux.

Le ministre fit appeler le général Pau et l'envoya à Maubeuge. Pour y faire quoi ?

Nous ne pouvons, à ce sujet que citer le passage de la remarquable plaidoirie de Me Henri-Robert, la gloire de notre barreau, le modèle de la courtoisie et de l'éloquence :

« *Mais à peine la dépêche arrivée au ministère de la Guerre, le ministre a été pris d'un affolement indescriptible. Rappelez-vous la déposition de ce grand chef qui reste pour moi un beau, un grand et loyal soldat, le général Pau.*

« *Rappelez-vous cette confrontation pénible pour l'un des interlocuteurs. Le général Pau était prêt, lui, à prêter serment : « J'ai trouvé M. Messimy dans un « état d'affolement, de nervosité assez prononcé. Il « m'a dit : « Je vous envoie à Maubeuge pour faire « fusiller le général Fournier.* »

Le général de brigade Guillaumat était, à ce moment, le collaborateur direct, le bras droit, le confident, le chef du cabinet militaire, en un mot, de M. Messimy. Il n'ignorait pas les incidents pénibles

**

du début de la guerre, la disgrâce injustifiée et brutale du général Fournier qu'il a imputée au général Ebener. Mais le général Ebener est mort.

Et qui avons-nous vu présider le Conseil chargé d'enquêter sur le gouverneur de Maubeuge ? Le général Guillaumat. C'est contraire à l'usage. « *La femme de César ne doit pas être soupçonnée.* »

Le général Pau partit donc pour Maubeuge. Non seulement il refusa de faire fusiller le général Fournier, mais il fut si satisfait de son inspection qu'à son retour à Paris, il n'eut que des éloges pour le gouverneur de Maubeuge et demanda pour lui le grade de général de division.

M. Messimy ne nomma pas le général Fournier général de division, mais fit envoyer par son cabinet militaire le télégramme chiffré et *secret* suivant :

« *Le général Pau m'a dit votre vigoureux effort pour mettre Maubeuge en état de défense. Mal informé, j'avais pris décret qu'*Officiel *rapporte. Vous adresse félicitations et encouragement.* »

« Signé : Messimy. »

C'est donc grâce au général Pau que le général Fournier resta gouverneur de Maubeuge. Mais un mal considérable avait été fait par la disgrâce du gouverneur. La presse locale en avait parlé, la garnison l'avait su, le chef fut discuté par les soldats à l'heure où l'ennemi se montrait et où la confiance devait être absolue. Les espions allemands, qui foisonnaient dans le camp retranché, exploitèrent ardemment et habilement cette nouvelle et la vie du gouverneur fut sérieusement menacée.

La situation du général Fournier était donc des plus mauvaises, même avant l'arrivée des Allemands devant le camp retranché. Une Place démodée, inorganisée, sans défense, une artillerie de siège insuffisante et inférieure, une garnison composée surtout de territoriaux à qui on avait dit : « Il n'y aura plus de guerre, les territoriaux ne doivent pas se battre en première ligne », et comme bouquet, un moral ébranlé par la révocation du chef avant la bataille, pour insuffisance et incapacité : allez donc vous battre dans ces conditions !

⁂

On a essayé, devant le Conseil de guerre, d'engager la responsabilité du Parlement dans la capitulation de Maubeuge. Il n'aurait pas voté les crédits nécessaires pour en faire une Place moderne. C'est inexact en ce qui concerne Maubeuge, car il n'entrait pas dans les vues de l'Etat-Major général de fortifier sérieusement notre camp retranché du nord de la France. Et la preuve, c'est que le ministre de la Guerre, en février 1914, répondait, sous le double timbre de l'Etat-Major général et de la 4e Direction, aux demandes réitérées des gouverneurs de Maubeuge qui, tous, signalaient la faiblesse de la Place et son incapacité de se défendre contre une attaque allemande :

« *Les propositions paraissent judicieuses, mais elles ne pourront être utilement examinées qu'après l'achèvement des grandes Places de l'Est.* »

D'ailleurs un officier breveté, qui représente bien les idées et l'enseignement de l'Ecole de Guerre, esquissait ce que serait le conflit futur avec l'Allemagne.

Ecoutons le prophète.

Dans son livre, *la Guerre au* XXe *siècle*, paru en 1914, le général Mordacq, ancien chef du cabinet de M. Clemenceau, s'exprime ainsi à la page 205 :

« *La neutralité de la Belgique ? Mais la Belgique, par son obstination à ne pas vouloir constituer une solide armée de campagne, montre bien qu'elle s'attend à voir violer sa neutralité. D'ailleurs, une simple armée de quelques corps suffira pour maintenir en respect, au besoin, les quelques milliers d'hommes groupés à l'est de la Meuse et surveiller les places belges situées sur cette rivière.*

« *Cette attaque principale par la Belgique est donc bien tentante pour les Allemands. Mais il y a lieu de remarquer qu'elle n'est toutefois possible que si, au cours de l'exécution, les lignes de communications destinées à alimenter cette masse en vivres et en munitions ne sont pas susceptibles d'être coupées. Ce pourrait être, dès lors, non pas la victoire à laquelle on courrait, mais bien le désastre.*

« *Tel serait le cas cependant, si les armées françaises, pendant ce temps, avaient toute latitude pour passer entre le Luxembourg et le Donon.* »

Le plan 17, le fameux plan 17, est résumé dans ces lignes du général Mordacq. On n'y parle pas de la Place de Maubeuge, pas plus que de la défense du nord de la France.

D'ailleurs, à l'audience du Conseil de guerre, on eut un aveu surprenant du major général des armées à la mobilisation lui-même. Le général Belin ignorait la valeur de Maubeuge et ne s'en était pas préoccupé. Ce témoin venait de tenter d'expliquer pourquoi Maubeuge ne reçut jamais, pendant les quinze jours de siège, le moindre renseignement, pas même l'accusé de réception de ses sans-fil et de ses messages par pigeons, alors que Paris possédait des oiseaux entraînés sur Maubeuge.

Puis un juge lui posa la question suivante : « *Vous étiez chargé de la préparation de la guerre. En août 1914, quelle valeur attribuiez-vous à Maubeuge? Bonne, mauvaise ou médiocre ?* »

Et le général Belin de répondre :

« *Il n'y avait que huit mois que j'étais en fonction. Je n'avais pas eu le temps de me mettre au courant sur la question des Places fortes. J'ignorais la valeur de Maubeuge ainsi que celle des autres Places françaises.* »

*
* *

Nous ne parlerons que brièvement des opérations du siège de Maubeuge.

Les débats n'ont fait que confirmer le récit du siège de cette Place, que nous avons pu publier dans le numéro de la *Revue de Paris*, du 15 juillet 1918, sur une autorisation spéciale de M. Clemenceau, chef du gouvernement. Le Grand Quartier Général, auquel nous avions soumis le travail, opposé depuis longtemps à la publication de tout ce qui pouvait être favorable à Maubeuge, avait refusé. Et pendant ce temps, tous les défenseurs de cette Place étaient tenus en suspicion.

Après la défaite de Charleroi, Maubeuge fut investie complètement le 25 août au soir.

Le 25 août, il y eut une sortie sur Givry, le 26 sur la Longueville, le 28 sur Doulers. Le 29 août, commença le bombardement qui dura jusqu'au 7 septembre à 18 heures, *bombardement formidable et d'une précision extraordinaire*, dira le général Demange, rapporteur devant le conseil d'enquête, *exécuté par toute la gamme des pièces allemandes de campagne et de siège, depuis le calibre de 77 jusqu'à celui de 420*. Le rapporteur citera aussi une monographie officielle allemande, où il est dit, à propos de l'effet du tir de 420 sur les forts de Liége et de Namur : « *Vingt projectiles suffisaient pour changer un fort cuirassé moderne en un monceau de ruines... La plupart des forts succombèrent sans qu'un assaut des troupes d'infanterie eût été rendu nécessaire.* »

Rappelons que les forts de Maubeuge n'étaient ni modernes, ni cuirassés, mais faits de pierre et d'argile.

Mais les forts modernes et cuirassés français, tels que Vaux et Douaumont, ont résisté à ces gros calibres.

Le 1er septembre, la réserve générale exécuta une sortie où les coloniaux se couvrirent de gloire. Elle fut très coûteuse et ne réussit pas. Son objectif, la destruction de l'artillerie ennemie dont on ignorait les caractéristiques et dont on ne soupçonnait pas la longue portée, était placé trop loin, à 14 kilomètres de la ville. Mais cette sortie ne fut pas inutile : elle obligea les Allemands alarmés à augmenter le corps du siège d'une division de réserve de la Garde, prélevée sur l'armée de campagne. L'attaque de l'infanterie commença le 3 septembre et se poursuivit sans répit jusqu'au 7 septembre au soir. Au fur et à mesure de leur avance, les Allemands bombardaient à revers les forts opposés au front d'attaque et les démolissaient en quelques heures.

Le 7 septembre, dans l'après-midi, l'ennemi occupait les trois quarts du camp retranché ; toute l'artillerie de la Place était anéantie ; il n'y avait plus de réserve d'infanterie ; les troupes étaient épuisées, le moral s'effondrait avec le physique.

A 6 heures du soir, le gouverneur se résignait à capituler.

La Place ne fut rendue que le lendemain, 8 septembre, à midi.

Le général allemand von Zwehl, commandant les troupes de siège, pour reconnaître l'énergie de la défense, laissait son épée au général Fournier.

Le général Fournier n'accepta pas cette marque de respect de l'adversaire : il voulait suivre en tout le sort de sa troupe.

Devant ces faits indiscutables, l'odieuse légende de Maubeuge non défendue, propagée pendant l'absence de ses défenseurs, s'écroule.

***

Un témoin, à l'audience, voulant exposer combien la défense de Maubeuge l'emportait sur toutes les Places attaquées et prises pendant la guerre, le Président du Conseil de guerre ne le permit pas. Il eut cette parole : « *Nous sommes ici pour juger et non pour comparer.* »

Surprenante mentalité !

Comment donc apprécier sainement sans comparer ?

Et pourquoi ne pas proclamer un fait incontestable et glorieux pour notre pays ? Pourquoi ne pas dire que Maubeuge, vieille Place démodée, tient le record de la résistance ?

Elle a duré quinze jours, du 25 août au 8 septembre 1914, tandis que les Places étrangères, bétonnées et cuirassées, défendues par des garnisons d'effectif double ou triple, ont résisté bien moins longtemps : Anvers a tenu treize jours, du 28 septembre au 10 octobre 1914 ; Novo-Georgievsk 11 jours, du 2 au 19 août 1915 ; Kowno 11 jours, du 8 au 18 août 1915 ; Liége 10 jours, du 5 au 15 août 1914 ; Namur 5 jours, du 21 au 26 août 1914 ; Przemysl, que les Russes n'avaient pu prendre que par la famine, n'ayant pas d'artillerie de siège, n'a résisté plus tard que quatre jours aux 420 allemands, du 21 au 25 août 1915 ; Grodno 3 jours, du 1er au 3 septembre 1915 ; Lomza 3 jours, du 8 au 10 août 1915 ; Rozan 1 jour, 24 juillet 1915.

Toutes ces Places possédaient des abris en béton, tandis que les casemates de Maubeuge étaient faites de pierre et d'argile.

Le maréchal Joffre n'est pas de l'avis du général Maistre, et ce n'est pas le seul. Ecoutons la fin de sa déposition devant le Conseil d'enquête :

« *Voulez-vous me permettre de dire encore quelque chose ? J'ai dit tout à l'heure que la défense de Maubeuge avait été très utile pour les opérations de l'armée et pour la bataille de la Marne. Il faut envisager aussi, j'envisage aussi les autres Places, et Namur et Anvers et tant d'autres. Eh bien, Maubeuge ne fait pas mauvaise figure à côté des autres Places, au contraire. Voilà tout ce que j'avais à dire.* »

Voici ce que dit Me Henri-Robert :

« *Je vais, monsieur le Président, revenir à une idée qui ne vous a peut-être pas plu au cours des débats.* « *Comparaison, direz-vous, n'est pas raison.* » *Je suis pour la politique des résultats, j'estime que c'est la meilleure, et quand je vois le rôle joué par les Places fortes au cours de la guerre, j'estime encore que Maubeuge ne fait pas mauvaise figure. Ah ! que de fois le général Fournier a dû penser avec amertume au sort du gouverneur de Liége, à l'héroïque général Leman, fêté et déifié dans son pays, anobli par son roi !* »

C'est que la Belgique a su reconnaître les services rendus par les soldats et leurs chefs : Liége, Namur sont pour elle, à juste raison, des titres de gloire, et jamais personne, là-bas, n'a cherché à diminuer le mérite et la valeur de ceux qui ont combattu contre un ennemi formidable, puissamment armé et organisé comme l'était l'Allemagne.

Chez nous, il n'en a pas été ainsi. Au contraire.

Rien n'a été épargné comme humiliations et misères au général Fournier et à sa famille.

***

La captivité du général Fournier, toujours d'après ce que nous ont appris les débats, fut atroce dans les prisons d'Allemagne. Il connut la faim, les corvées, les fouilles, les camps de représailles. Il supporta tout avec une dignité admirable, une grandeur d'âme qui ne faiblit jamais. Les souffrances physiques n'étaient rien pour lui, mais quand les échos de France vinrent lui apporter toutes les infamies qui circulaient sur son compte et qui entachaient son honneur, il versa quelques larmes. Puis il se ressaisit et reprit sa sereine dignité.

Il tenta une évasion alors qu'il était interné à Torgau. Dans ce but, il fit construire par quelques officiers un tunnel pour sortir de la forteresse. Une crue de l'Elbe fit effondrer ce passage souterrain, et les Allemands découvrirent le plan d'évasion. Reconnu comme chef du complot, il fut fouillé, mis complètement à nu, envoyé dans un camp de représailles en plein hiver. Il resta cinq jours en wagon, sans chauffage, et presque sans nourriture. On le retira du wagon évanoui, la jambe droite gelée. Une bronchite grave se déclara.

Mme Fournier ayant appris la maladie de son mari, tenta des démarches pour le faire interner en Suisse. Elle s'adressa au général Pau. Le général Pau, après s'être enquis au ministère de la Guerre, écrivit à Mme Fournier « *qu'il n'y avait rien à faire, que le gouvernement s'y opposait, vraisemblablement pour des motifs d'ordre politique* ».

Le 29 mars 1918, après trois ans et demi de captivité, il arriva en Suisse, bénéficiant de la mesure prise autorisant l'internement, dans ce pays neutre, des prisonniers de guerre âgés de plus de 48 ans.

L'Etat-Major général lui fit parvenir une lettre du cabinet du ministre :

Le général Fournier vient d'être interné en Suisse. Je vous prie de vouloir bien donner les instructions nécessaires pour que cet officier général ne soit rapatrié en France que sur mon ordre.

Pour le ministre :

Le Général, chef du cabinet,

MORDACQ.

Le 29 novembre 1918, il est dirigé en France, à Lyon, en vertu des clauses de l'armistice.

Le cabinet du ministre de la Guerre envoie le télégramme suivant au général Ebener, gouverneur militaire de Lyon, qui avait reçu le général Fournier à bras ouverts.

« *Dites au général Fournier de me donner les raisons de sa rentrée en France.* »

Ce n'est pas tout. Le général Fournier demande la permission de trente jours à laquelle il a droit comme tout prisonnier. Il lui tardait d'embrasser les siens.

Le chef d'Etat-Major lui fait parvenir la réponse suivante :

MINISTÈRE DE LA GUERRE. — CABINET.

« *Le Ministre de la Guerre estime ne pas devoir, pour le moment, accorder la permission demandée au général Fournier. Il devra attendre à Lyon la décision à intervenir.*

« *Le chef du Cabinet,*

« MORDACQ. »

Et Mᵉ Henri-Robert de s'écrier : « *Depuis quand dans notre pays un homme est-il considéré comme un coupable avant d'être accusé ?* »

Et pendant ce temps-là, l'Etat-Major de l'armée (3ᵉ bureau) ayant appris que le général Fournier avait enterré, à Maubeuge, une caisse de documents contenant sa justification et ses papiers personnels, dans la cour d'une maison appartenant à M. Dubois, faisait déterrer cette caisse le 8 décembre 1918, la faisait transporter au ministère de la Guerre, l'ouvrait et la dépouillait hors de la présence de l'intéressé.

*
* *

Un Conseil d'enquête fut constitué, conformément au règlement, le 7 janvier 1919. Il se réunit aux Invalides, et comme nous le savons, sous la présidence du général Guillaumat, l'ancien chef du cabinet de M. Messimy, ministre de la Guerre.

Ce Conseil termina ses travaux le 5 septembre 1919. Comme les audiences du Conseil d'enquête n'ont pas été publiques, nous n'en déchirerons pas le voile. Nous ne mentionnerons que ce que les débats publics devant le Conseil de guerre nous ont révélé à ce sujet.

M. le commissaire du gouvernement, le général Demange, s'adressant au général Ville, témoin devant le Conseil d'enquête, et comparaissant comme accusé devant le Conseil de guerre, lui dit :

« — *Mais vous avez déclaré devant le Conseil d'enquête...*

« — *Oh ! pardon*, réplique le général Ville, coupant la parole au général Demange, *je fais les plus grandes réserves sur ce qu'a pu rapporter le Conseil d'enquête. Je n'ai pas pu m'expliquer librement. Je n'ai pas signé ma déposition. Je ne l'ai pas relue.* »

Sur le rapport du Conseil d'enquête, le ministre de la Guerre donna un ordre d'informer non seulement contre le général Fournier, mais contre six autres officiers ayant appartenu à la garnison de Maubeuge : le général Ville, le colonel Charlier, le commandant Magnien, le commandant Leroux, les capitaines d'Anchald et Renaud.

Ce n'était plus le procès du général Fournier qui allait se dérouler, mais le procès de la garnison de Maubeuge.

Au mépris de toutes les règles juridiques, on joignit ces nouvelles instructions à celle du général Fournier déjà terminée !

Le général Fournier ne protesta pas contre cette violation de la loi. Il voulait en finir.

***

Enfin le 19 avril 1920, s'ouvrirent, au Palais de Justice, les débats qui ne devaient se terminer qu'un mois après, le 19 mai.

La composition du Conseil de guerre était la suivante: général Maistre, *président*, membre du Conseil supérieur de la guerre ; les généraux de division Mazilier, Falque, Lebocq, Leboucq, les généraux de brigade de Cugnac et Forqueray, *membres*.

Le général de division Demange, *commissaire du gouvernement*.

« *Dans ce Conseil de guerre*, dira Me Henri-Robert, *pas un sapeur, pas un homme de la spécialité du général Fournier : c'est contraire à l'usage.* »

Nous connaissons les accusés. On fut étrangement surpris d'y voir figurer le général Ville et le capitaine d'Anchald, qui eurent, pendant le siège, une conduite admirable. Le général Ville apparaissait aux yeux des combattants de Maubeuge comme le type de l'honneur, du courage, du devoir ; le capitaine d'Anchald avait été proposé pour la Légion d'honneur pour le fait qui l'amenait sur le banc des accusés. C'était à n'y rien comprendre.

Aussi, au cours d'une séance émouvante, le général Maistre, s'adressant au général Fournier, lui dit :

« *Les hommes auraient eu plus de cran, s'ils avaient été mis hors des ouvrages. Les capitaines d'Anchald et Renaud ont été obligés de rester dans une fournaise.* »

Remarquons que ces deux officiers étaient poursuivis pour avoir abandonné leur ouvrage.

Alors Me Henri-Robert se lève :

« — *Si ces officiers ont fait leur devoir comme vous venez de le reconnaître, pourquoi ce procès inutile et dangereux ? Pourquoi les poursuivez-vous ?*

« — *Nous ?* répond le général Demange, commissaire du gouvernement. *Adressez-vous ailleurs.*

« — *Nous ne faisons qu'exécuter des ordres en instruisant cette affaire* », ajoute le général Maistre.

Au banc de la défense, à côté du bâtonnier Me Henri-Robert, se tenaient, comme conseiller technique, le général Legrand, ancien commandant du 21e corps d'armée, ami fidèle du général Fournier, le bâtonnier Me Ménesson, défenseur du colonel Charlier, Me Aubépin, défenseur du général Ville, Mes Hamelet, Pierre Prud'hon, etc.

La modération et le calme, reconnaissons-le, furent, pendant tout le procès, du côté de la barre.

Aucun des défenseurs ne souleva jamais le moindre incident, bien que le général Maistre, par son inexpérience de la loi, la violât constamment. On le laissait faire, on respectait son grade, sa haute situation dans l'armée.

Il manifesta trop souvent son opinion sur les explications données par les accusés et les témoins, ce qui est formellement interdit. Dans sa sagesse, en effet, le législateur, en formulant ces règles, a redouté l'influence du Président sur la conscience des juges chargés de se prononcer sur la culpabilité des accusés. Et dans ce Conseil de guerre spécial désigné pour juger le général Fournier, les généraux qui le composaient, les égaux du général Maistre au prétoire, restaient néanmoins ses subordonnés en dehors. Bien que généraux, ce n'étaient ni plus ni moins que des hommes soumis à des passions et à des faiblesses, c'étaient des militaires habitués à considérer l'opinion de leurs chefs comme sacrée. Quand Jupiter tonnant parlait dans l'Olympe en fronçant les sourcils, les dieux qui l'entouraient se taisaient en courbant la tête.

Le général Maistre voulut briller. Il brilla mais ne convainquit pas. Il fut, comme à l'Ecole de Guerre, un professeur de tactique étourdissant. On disait : « *Qu'il est fort sur la carte !* », mais on ajoutait : « *Pourquoi les Allemands sont-ils restés plus de quatre ans sur notre territoire?...* »

Comme il avait deux fois de l'esprit, d'abord l'esprit qu'il avait, ensuite l'esprit qu'on lui prêtait, il en faisait à tort et à travers, ne se rendant pas compte qu'il n'approchait point de Voltaire et de Beaumarchais, ces maîtres de l'ironie. Voici quelques traits d'esprit du Président :

Au général Fournier qu'il blâmait de ce qu'il avait fait et de ce qu'il n'avait pas fait, mais auquel il reconnaissait d'avoir donné des ordres très énergiques, il dit à plusieurs reprises :

— *Oui, oui, vous êtes énergique jusqu'au bout de la plume.*

Un juge demande à un témoin, le colonel Duchesne, commandant l'artillerie de la Place de Maubeuge :

— *Combien avez-vous tiré de projectiles ?*

— *180.000 à 200.000.*

Et le Président Maistre de s'écrier :

— *A 200.000 près !*

Au lieutenant Schribau, rapportant la conversation qu'il avait eue avec le général allemand von Steinmetz, commandant l'artillerie de siège, le lendemain de la capitulation :

— *Pourquoi êtes-vous triste ?* lui dit le général allemand. *Vous ne devez pas être triste. Vous vous êtes bien défendus à Maubeuge et vous nous avez fait beaucoup de mal. Dix mille des nôtres sont tombés.*

— *Bon, bon,* interrompit le général Maistre, *vous avez mal entendu, vous vous trompez d'un ou deux zéros.*

Le lieutenant Delattre dépose qu'étant en captivité, le reittmeister von Hohenthal, commandant le camp, lui a dit en présence de plusieurs officiers : « *L'armée de siège devant Maubeuge a perdu 12.000 à 13.000 hommes.* »

Le général Maistre interrompt le témoin :

— *Qu'est-ce qu'il en savait, ce Boche ? On le chargeait de garder les prisonniers pour le mettre à l'abri.*

— *Il était, avant la guerre, attaché militaire à Rome,* lui répond-on. *Il faisait partie de l'état-major du général von Zwehl, commandant les troupes de siège devant Maubeuge.*

Le chef de bataillon d'infanterie breveté Segonne était, au début de la guerre, à l'état-major du général Fournier comme lieutenant. Prisonnier de guerre, il parvint à s'évader et eut la chance de reprendre du service sur le front français. Il a combattu en particulier avec une division placée sous les ordres du général Maistre. Il a pu comparer dans quelles conditions respectives se trouvaient les troupes au combat à Maubeuge et sur le front. Voici sa déposition et le pénible incident qui en résulta :

« *Au front*, dit le commandant Segonne, *la relève au bout de deux ou trois jours de combat et toujours avant que les forces physiques ou morales soient arrivées à leur terme, le sentiment du coude à coude avec les divisions qui vous encadrent, le réconfort de la liaison avec l'arrière, avec la France d'où vous arrivent les munitions de bouche et les autres ; on reçoit des coups, mais on les rend, car on en a les moyens.*

« *A Maubeuge, les troupes enfermées dans un espace restreint et clos, bombardées de loin par une artillerie d'une puissance incroyable et insoupçonnée, voient de leurs yeux s'écrouler les forts, sont obligées de fuir les abris trompeurs, de se déplacer sans cesse pour éviter les obus, ne peuvent jamais se reposer, ni dormir, se sentent isolées du pays, n'ont aucun répit, aucun espoir d'une relève, d'un repos au cantonnement. Et pendant dix jours de ce régime, elles ont tenu, mais finalement leurs forces physiques et morales s'effondrent.* »

Le témoin adresse un salut respectueux aux troupes de Maubeuge, puis veut entreprendre l'éloge du général Fournier qu'il n'a pas quitté pendant ces heures critiques.

Le général Maistre l'interrompt :

— *Vous avez été prisonnier ?*

— *Oui, mon général.*

— *Ça se voit, c'est la cloche de Torgau.*

(Torgau fut le camp de captivité des officiers faits prisonniers à Maubeuge.)

Le commandant Segonne est déconcerté. Respectueux, il ne dit rien.

Mais Me Henri-Robert se lève :

— *La cloche de Torgau est la cloche de la vérité. Et puis, ici, je ne connais que des témoins qui ont juré de dire la vérité, qu'on doit laisser parler et qui doivent être respectés.*

Nous pourrions citer d'autres faits analogues, nous nous arrêtons là. Ce n'était plus de l'esprit.

***

L'interrogatoire du général Fournier fut long, pénible. Le choc fut brutal entre le Président et le principal accusé. Rien ne fut laissé dans l'ombre ; tous les ordres, toutes les dispositions prises furent passés au crible, critiqués avec vivacité et rudesse. Il y eut néanmoins quelques éloges. Le général Fournier tenait tête, ce qui mettait hors de lui le général Maistre, peu habitué à être contredit. Ce n'était pas un élève docile que le gouverneur de Maubeuge ; il savait son métier et connaissait la guerre de siège mieux que quiconque. A un moment, la discussion s'échauffa ; elle tourna à l'aigre ; le Président s'emporta, le général Fournier ne put plus placer une parole. Un malaise se répandit dans la salle, tout le monde était haletant.

Et c'est alors que Me Henri-Robert intervint d'une voix cinglante :

« *N'importe lequel d'entre vous que la guerre a couverts de gloire, d'honneurs, mis à la place du général Fournier, n'aurait pas mieux fait, il aurait éprouvé le même sort, et aujourd'hui le général Fournier serait à votre place et vous à la sienne.* »

Et, spontanément, la voix du peuple se fit entendre. La salle entière, pleine de *poilus* en civil, éclata en applaudissements, donnant ainsi raison aux paroles du grand avocat. Le général Maistre fut à son tour interloqué ; il comprit qu'il ne fallait pas insister et continuer à jouer un jeu pareil. Et ce fut un salutaire avertissement. La justice commençait à déployer ses ailes.

Le Président oubliait trop souvent que les discussions théoriques sont bonnes pour les *Kriegspiel*, sur le tapis vert ou les manœuvres du temps de paix. « *Mais à la guerre*, comme l'écrit le général Berthaut *il n'existe de fautes et de dispositions vicieuses qu'autant que l'adversaire sait en profiter et qu'il est en mesure de le faire. Autrement tout est possible et tout est permis.* »

Les batailles ne se gagnent pas sur une carte, mais sur le terrain.

Le général Maistre tout particulièrement aurait dû savoir que n'importe quelle opération militaire peut être critiquée. L'affaire de la Malmaison, à l'automne 1917, qui nous coûta si cher, n'y a pas échappé. Dans une lettre au général Pétain, rendue publique, le général Percin écrit à ce sujet : « *On trompe la France quand on présente comme une victoire cette coûteuse rectification du front.* » Et chose plus cruelle encore, l'ennemi, le général Ludendorff, dit en en parlant : « *Cette manière de faire n'était pas pour nous déplaire.* »

Et alors, ces généraux français de la Malmaison ou de Verdun, en 1917, n'ayant pu percer le front allemand, disaient : « *Les fronts sont inviolables, nous ne percerons pas, ni les Allemands non plus.* » Ils se sont donc trompés !

Les principaux griefs reprochés au général Fournier étaient mentionnés dans le rapport du Conseil d'enquête et repris, en grande partie, au cours des débats. Les voici. On pourra juger de leur fragilité.

Le général Fournier n'a pas donné à sa défense un caractère offensif.

C'est une opinion, mais cette affirmation tranchante ne suffit pas. Il eût fallu prouver que c'était la meilleure façon de durer. En réalité, c'est toujours ce préjugé de l'offensive bonne à tout, de l'offensive malgré tout, préjugé qui nous a coûté si cher au début de la guerre. Certes, personne n'ignore la vertu de l'offensive, qui seule peut amener la destruction des forces de l'adversaire. Mais une Place forte est un de ces points du champ de bataille où l'objectif est de tenir le plus longtemps possible, en vue de permettre la réalisation des desseins du chef. En fait, il y a d'autres moyens de durer. Et la destruction, en 1870, du tunnel de Nanteuil-sur-Marne, en empêchant pendant deux mois l'arrivée des munitions, a plus fait pour prolonger la résistance de Paris que toutes les sorties du général Trochu.

Le maréchal Foch, dans son discours de réception à l'Académie, consacré aux manœuvres de Villars, dit: « *Le devoir d'un chef militaire est de gagner du temps, alors qu'il est le plus faible.* »

Le général Fournier — autre grief — s'est délibérément affranchi de l'obligation de se conformer, tout au moins dans leur esprit, aux prescriptions du règlement sur la « Défense des Places ».

Parfaitement, et il a bien fait. Le règlement d'avant guerre expose dans tous ses détails comment doit se passer l'attaque d'une Place forte, puis ce que doit être sa défense. On croirait lire le roman militaire *l'Histoire d'une forteresse*, de Viollet le Duc.

Seulement il est arrivé que les Allemands sont venus avec leur 305 et leur 420 et se sont délibérément mis à attaquer les Places fortes suivant d'autres principes que ceux préconisés par le règlement français. Au bout de 72 heures, ils bombardaient la Place. Réglementairement, ils n'auraient dû le faire qu'après une trentaine de jours.

On conçoit que, dans ces conditions, il a fallu au gouverneur de Maubeuge trouver autre chose que l'application des principes de défense exposés par ledit règlement.

Le général Fournier n'a pas concentré suffisamment ses moyens d'action en infanterie et artillerie sur le front attaqué.

Or, dès le début de l'attaque, vingt-deux bataillons sur vingt-neuf firent face à l'ennemi, les sept autres gardaient un front de 18 kilomètres constamment menacé, soit un front de 2.500 mètres par bataillon, alors que pendant la guerre, le front de combat d'un bataillon était de 600 mètres. A la fin du siège, vingt-cinq bataillons sur vingt-neuf étaient opposés à l'attaque principale, les quatre restant défendaient un front de 11 kilomètres, menacé par une division ennemie tout entière. Il en fut de même de l'artillerie dont la majeure partie fut opposée à l'attaque principale, le restant laissé en place pour parer à une attaque toujours possible. Cette artillerie laissée en place tira d'ailleurs jusqu'à la dernière minute de la résistance.

Le général Fournier n'a pas organisé des positions avancées.

A ce reproche, le gouverneur fit valoir qu'avant de s'occuper des positions avancées, il dut organiser la position principale du camp retranché qui n'existait pas, et quand la position principale fut terminée vers le 25 août, les Allemands étaient devant Maubeuge. L'effectif des troupes de la garnison et le matériel déjà insuffisant pour défendre la zone principale ne lui permettaient pas le luxe d'avoir des positions avancées. Au surplus, le gouverneur n'était pas partisan des positions avancées, comme d'ailleurs les généraux Lanrezac et Pau, qui vinrent le déclarer à l'audience. Le général Fournier soutenait que « les troupes défendant les positions avancées sont vouées à un échec certain et prochain, mais échec quand même, qui influe fâcheusement sur le moral de la troupe plus simpliste ».

On a reproché au général Fournier de *n'avoir pas suivi les recommandations du règlement français relatives au retrait de l'artillerie de la position principale sur la position de soutien.*

Le gouverneur répond « qu'outre la quasi-impossibilité matérielle de le faire, faute de moyens de transport, il a estimé que l'artillerie de siège devait tirer jusqu'à son dernier obus pour s'opposer à l'avance ennemie, sur la position principale de défense, la seule qui compte dans une Place. C'est ce qui a été fait. Notre artillerie a été écrasée sur place par l'artillerie allemande infiniment supérieure. Au surplus, ajouta-t-il, c'était là le principe même posé par le règlement allemand sur la guerre de siège ».

— *Nous sommes en France*, interrompt le Président avec vivacité.

Ah ! mais alors pourquoi avons-nous, au cours de la guerre, et avec raison, — le général Maistre comme les autres — été prendre chez l'ennemi tant de choses qu'il avait inventées : multiplication des mitrailleuses et leur emploi en flanquement ; création des minenwerfer ; création d'artillerie lourde et extralourde ; pilonnage d'artillerie, méthode d'exploration aérienne ; réglage de tir par avions, ballons d'observation et, d'une manière générale, tous les procédés de la guerre de tranchée, finalement la manière d'en sortir et de passer à la guerre de mouvement ?

Le Président du Conseil de guerre reproche au général Fournier « *d'avoir surmené ses troupes avant la bataille en leur imposant d'énormes travaux de défense* ».

On ne s'attendait certes pas à cette critique. Le gouverneur répond : « Mais tout était à créer à Maubeuge. Il n'y avait rien. Si je n'avais pas fait ces travaux, vous m'auriez reproché de ne les avoir pas faits. Quant au surmenage, c'est une plaisanterie. Le général Joffre n'a-t-il pas écrit dans ses instructions d'août 1915 « *qu'un homme ne travaillera jamais au point de s'épuiser. Lorsqu'une troupe est dite fatiguée, ce sont généralement les chefs qui n'en veulent plus.* »

On a fait un grief au général Fournier « *d'avoir laissé trop de latitude au général Ville, commandant le terrain des attaques* ».

Mais que prescrit donc le *Décret sur le service des armées en campagne ?* Le général en chef « communique aux chefs des grandes unités son but, son plan, toute sa pensée ». C'est ce que le général Fournier a fait. « Lorsqu'il est sûr que ses intentions sont comprises, il laisse aux responsables le choix des moyens : c'est un devoir pour lui de ne pas mettre d'entraves à l'initiative de ses subordonnés. »

Il nous faut revenir sur une question qui n'a pas été bien élucidée au cours des débats. C'est la question de l'effectif des troupes assiégeantes.

L'Etat-Major de l'armée, après n'avoir identifié tout d'abord devant Maubeuge que le VIIe corps de réserve allemand, reconnaît plus tard la présence d'une brigade active du VIIe corps actif, de deux régiments de cavalerie, sans compter, bien entendu, les troupes techniques de siège.

C'est encore inexact. L'Etat-Major de l'armée s'est trompé une fois de plus, ce qui n'étonnera personne. Les combattants de Maubeuge se sont trouvés en présence d'autres troupes sur le champ de bataille du camp retranché. La preuve nous en a été donnée par le général Ville, au cours du procès. Le général Ville a déclaré avoir été fait prisonnier par le général von Harbou, commandant une division de réserve de la garde prussienne, ramenée du Sud sous les murs de Maubeuge après la sortie que la garnison avait faite le 1er septembre et qui avait tant ému les Allemands.

D'un autre côté, le général Fournier a fait relever, dans un seul cimetière des environs de Maubeuge, les tombes des Allemands tués dans la période de siège proprement dite, c'est-à-dire du 25 août au 7 septembre 1914. On constate que ces *gefallen* appartenaient à quatorze régiments d'infanterie, un bataillon de chasseurs, quatre régiments de cavalerie, trois d'artillerie, six compagnies du génie. Si l'on ajoute l'artillerie à longue portée allemande et autrichienne, on est conduit à évaluer la masse du corps de siège de 60.000 à 65.000 hommes, troupes excellentes, que les territoriaux et les R. A. T. de Maubeuge ont retenues devant la Place, pendant que se déroulait la phase décisive de la première bataille de la Marne.

Disons aussi — le procès étant terminé — que le général Fournier a été un précurseur de la guerre moderne.

« *Il a entouré sa Place de fils de fer*, disait Me Henri-Robert ; *on l'avait même surnommé « le général Fil-de-Fer ». Et c'est, je crois, un des premiers qui aient songé à l'emploi en masse de cette défense.* »

Et, s'adressant aux juges du Conseil de guerre, il leur lança cette apostrophe :

« *Lequel de vous en a fait au mois d'août 1914 ? Si on avait fait des tranchées à la frontière de Belgique, peut-être les Allemands n'auraient-ils pas déferlé devant Paris.* »

Nous ne parlerons pas des autres accusés, dont la cause était gagnée d'avance, sauf peut-être pour un seul, après la lecture du rapport de celui qui en avait fait l'instruction, de l'éminent rapporteur, le capitaine Mangin-Bocquet.

Un mot seulement pour le général Ville :

Appartenant à l'arme du génie, sorti de l'Ecole Polytechnique et de l'Ecole de Guerre, il fut pour tous les défenseurs de Maubeuge le modèle de toutes les vertus militaires. On lui a reproché de n'avoir pas su commander. Quelle erreur ! Jamais chef ne montra plus d'habileté, de courage, de qualités guerrières sur le champ de bataille. Il eut, un moment, à supporter seul le poids d'une lutte gigantesque et inégale. Et il lutta jusqu'au bout, jusqu'à la dernière minute, avec une énergie que les débats révélèrent.

« *Il a fait ce qu'il a pu*, disait son éminent défenseur Me Aubépin, *tout ce qu'il a pu ; j'ajoute tout ce qu'il était humainement possible de faire dans les circonstances où il se trouvait.*

« *J'avoue que parmi les critiques qui ont été adressées au général Ville, il y en a une qui me choque ; je puis en parler en toute liberté, d'autant plus qu'elle n'a pas été formulée ici.*

« *Elle a été formulée au Conseil d'enquête par M. le Président du Conseil. M. le général Guillaumat disait au général Ville : « Quand on n'a pas les qualités re-« quises pour remplir un emploi, on le décline. »*

« *Qu'est-ce à dire ? Que M. le général Ville aurait dû refuser la tâche que lui imposait M. le général Fournier ?*

« *Allons donc !*

« *En temps de paix, quand on offre à quelqu'un un poste qui doit lui rapporter beaucoup d'honneurs et de profits, que ce quelqu'un le refuse, c'est de la modestie ; mais, quand à la guerre, on refuse un poste où il n'y a que du dévouement à prodiguer, des responsabilités à prendre et des dangers à courir, cela s'appelle autrement. Le chef, le gouverneur, le général Fournier, désigne le général Ville, le devoir du général Ville est de répondre : Présent ! A une condition cependant, c'est qu'il soit bien décidé à ne se ménager en rien, qu'il se donne tout entier, corps et âme, à la mission qu'on lui confie, sans réticences ni ménagements. Est-ce que ce n'est pas précisément ce qu'a fait le général Ville ? Il n'y a pas de controverse possible à cet égard, tout le monde doit le reconnaître, tout le monde doit le proclamer et tout le monde le proclame.* »

*
* *

Cent vingt témoins furent entendus dans ce procès. Pas une voix — et ceci fut profondément touchant — ne s'éleva contre le général Fournier. Tous sont venus rendre justice non seulement à ses talents militaires, à sa modestie, à sa bonté, mais encore à son énergie, en face de la situation impossible dans laquelle on l'avait laissé. Il fut aussi grand dans la bataille qu'il le fut dans les camps d'Allemagne. Le pays peut être fier de ce grand soldat qui, abandonné de tous, dans un moment où se jouait le destin de la France, a su, dans une Place qui n'existait pas, sans aucun moyen réel de défense, retenir sous ses murs des troupes aguerries, une nombreuse artillerie et contribuer par sa longue résistance à la première victoire de la Marne.

Le rapporteur devant le Conseil d'enquête dépeint ainsi le gouverneur de Maubeuge :

« *Il importe, en premier lieu, de fixer les traits du chef auquel vont échoir le périlleux honneur et la lourde responsabilité de défendre une Place aussi insuffisamment organisée et préparée.*

« *Le gouverneur général de brigade Fournier, du génie, est l'honnête homme dans la plus haute acception du mot. En lui, s'incarnent les fortes traditions de devoir et d'honneur de son arme. C'est, en outre, un grand laborieux, d'un esprit aussi pondéré que précis, d'un jugement droit. Une modestie parfaite recouvre ces belles et solides qualités.* »

Puis après avoir décrit le bombardement, le rapporteur ajoute :

« *Partout règnent, sous un bombardement aussi surprenant et d'une pareille énormité, une véritable stupeur et un désarroi que s'applique d'ailleurs à combattre le gouverneur, se portant de tous côtés avec un complet mépris du danger.* »

Et voici la déposition du maréchal Joffre :

« *La résistance de Maubeuge a soulagé mon armée de plusieurs divisions ennemies et surtout de toute la grosse artillerie qui bombardait la Place. Donc Maubeuge a rempli son rôle et a contribué à la victoire de la Marne. Si je les avais eus contre moi, il ne faut jamais dire : je n'aurais pas réussi, mais j'aurais été dans un grand embarras.* »

Le général de Lacroix, ancien généralissime, s'exprime ainsi :

« Mon sentiment est que le général Fournier s'est trouvé dans une situation dont je ne sais comment je me serais tiré moi-même. J'ai pour Fournier la plus grande estime et la plus grande affection, basées sur des faits, car je l'ai vu à l'œuvre et je connais sa conscience, sa puissance de travail, son intelligence. »

Et le général de Castelnau dit :

« Le général Fournier, qui fut sous mes ordres directs au grand Etat-Major de l'armée, est l'homme du devoir dans la plus haute acception du terme. C'était un convaincu. Il croyait fermement à la guerre et la préparait sans répit. Jamais je n'ai eu qu'à me louer de ses services. Par ailleurs, il menait la vie de l'officier laborieux, discipliné, austère, dans un milieu peu fortuné, mais où le culte de l'honneur et de la Patrie ne laissait place à aucune compromission. Il a toujours été l'homme de ce devoir et de cette foi. Je serais bien étonné que votre verdict m'apprenne qu'il n'a pas fait son devoir. Je conserve pour lui presque de la tendresse. Il était mon bras droit, nous causions à cœur ouvert. »

Après les plaidoiries, le général Fournier fit cette déclaration qui souleva les applaudissements de l'auditoire :

« *Je salue ici les territoriaux de la première heure, qui résistèrent, pendant sept jours et sept nuits* (il faisait allusion aux défenseurs de Boussois, de Cerfontaine et de l'ouvrage de la Salmagne), *dans de mauvais ouvrages, sans repos, sans sommeil et parfois sans eau, aux rafales du 305 et du 420. Cette défense ne redoute aucune comparaison avec celle de certains forts modernes et puissants dont les casemates restèrent inviolées, défense exécutée pourtant par des troupes aguerries.*

« Il y a eu des fautes à Maubeuge. Cela prouve que rien ne s'improvise dans la guerre moderne, ni les forteresses, ni l'outillage humain, mais nous avons défendu la Place avec tout notre cœur et toute notre énergie.

« Le général Ville, qui avait la tâche la plus lourde, a fait tout son devoir. Charlier et Magnien ont eu une conduite admirable pendant la guerre, et je les envie d'avoir pu combattre jusqu'à la victoire finale. Renaud, d'Anchald devaient défendre leur fort jusqu'à écrasement complet ; ils l'ont fait. Mes subordonnés ont fait leur devoir ; à vous d'apprécier si leur chef a fait le sien. »

Le procès était terminé. C'était aux juges militaires de se prononcer.

Nous ne pouvons mieux faire, en terminant, que de citer quelques lignes de l'admirable article que faisait paraître le lendemain, 19 mai, Félix Belle, du *Gaulois* :

« Après cinq quarts d'heure d'attente, au travers de « la salle haletante, la voix vibrante du général Maistre « lança le mot de la justice ; c'était le même pour tous : « l'acquittement.

« Mais, en cette joie, une ombre venait de naître.

« C'est que, si — à part le commandant Leroux, bé« néficiant de la minorité de faveur — tous étaient « acquittés à l'unanimité, il s'était trouvé une voix, on « ne sait encore laquelle, pour voter contre le général « Fournier.

« Aussi bien est-ce avec des larmes plein les yeux qu'a « quitté la salle le vieux soldat vers qui, glorieuses, « connues ou inconnues, toutes les mains se tendaient, « émues, respectueuses et attendries.

« Qu'il se console ! Pendant ces vingt-deux au« diences, parmi ces cent témoins, pas une voix n'a pu « s'élever contre lui... Tout ce que l'armée de France « compte de plus grand et de plus respecté, du glorieux

« Joffre au glorieux de Castelnau, est venu l'assurer « de son estime et de son admiration.

« La France d'un côté, une voix de l'autre, cela pèse peu. »

Récemment, le général Fournier a reçu la cravate de commandeur de la Légion d'honneur ; il attend encore la citation pour sa belle défense et le grade de général de division, qu'avait déjà demandé pour lui, en 1914, le général Pau.

Les hautes sphères de l'Etat-Major continuent à lui refuser toute marque particulière d'éloge pour sa défense de Maubeuge.

Ainsi va le monde.

Après 1870, deux hommes, deux officiers du génie qui avaient jeté un peu de gloire sur les tristesses de l'Année terrible, le général Faidherbe et le colonel Denfert-Rochereau, furent aussi en butte à des jalousies mesquines et eurent à souffrir de l'injustice des hautes sphères militaires. Le général Faidherbe vit soixante généraux plus jeunes que lui promus au grade supérieur. Il dut quitter l'armée en se faisant mettre en disponibilité.

Le cas du colonel Denfert-Rochereau est plus curieux encore. On sait que cet officier supérieur, qui rendit la Place de Belfort sur l'ordre du gouvernement français, avait été nommé colonel à titre provisoire, par Gambetta, le 17 octobre 1870, ce qui lui permit d'avoir de l'autorité sur les lieutenants-colonels de la garnison plus anciens que lui.

Après la guerre, la Commission de revision des grades proposa de rétrograder le colonel Denfert-Rochereau au grade de lieutenant-colonel. Ce fut la récompense que les militaires lui donnèrent pour sa belle défense. Ecœuré, Denfert-Rochereau quitta l'armée, mais fut envoyé par le Haut-Rhin à l'Assemblée nationale. Là, il trouva encore un général-député qui lui reprocha en pleine tribune d'être resté dans la casemate du château de Belfort, au lieu de marcher à la tête de ses troupes.

Le général Fournier est en bonne compagnie. Il peut tout attendre et sans inquiétude du jugement de l'Histoire.

Impr.-Libr. Militaire Universelle L. Fournier, 264, Boulev. Saint-Germain, Paris.

www.ingramcontent.com/pod-product-compliance
Ingram Content Group UK Ltd.
Pitfield, Milton Keynes, MK11 3LW, UK
UKHW022147170726
13837UKWH00004B/1845